I0711655